學校 - shkolla 2
旅行 - udhëtim 5
交通運送 - transport 8
城市 - qytet 10
地形 - peisazh 14
餐館 - restorant 17
超市 - supermarket 20
飲料 - pije 22
食物 - ushqim 23
農場 - fermë 27
房子 - shtëpi 31
客廳 - dhomë ndenjeje 33
廚房 - kuzhinë 35
浴室 - tualet 38
兒童房 - dhomë fëmijësh 42
衣服 - veshje 44
辦公室 - zyrë 49
經濟 - ekonomi 51
職業 - profesionet 53
工具 - mjete 56
樂器 - instrumenta muzikorë 57
動物園 - kopsht zoologjik 59
體育 - sportet 62
活動 - aktivitet 63
家 - familje 67
身體 - trupi 68
醫院 - spital 72
緊急情形 - emergjencë 76
地球 - toka 77
鐘錶 - orë 79
週 - javë 80
年 - vit 81
形狀 - forma 83
顏色 - ngjyra 84
反義詞 - të kundërta 85
數字 - numra 88
語言 - gjuhët 90
誰/什麼/如何 - kush / çfarë / si 91
方位 - ku 92

Impressum
Verlag: BABADADA GmbH, Nedderfeld 112 , 22529 Hamburg
Geschäftsführer / Verlagsleitung: Harald Hof
Druck: Books on Demand GmbH, In de Tarpen 42, 22848 Norderstedt

Imprint
Publisher: BABADADA GmbH, Nedderfeld 112 , 22529 Hamburg, Germany
Managing Director / Publishing direction: Harald Hof
Print: Books on Demand GmbH, In de Tarpen 42, 22848 Norderstedt

學校

shkolla

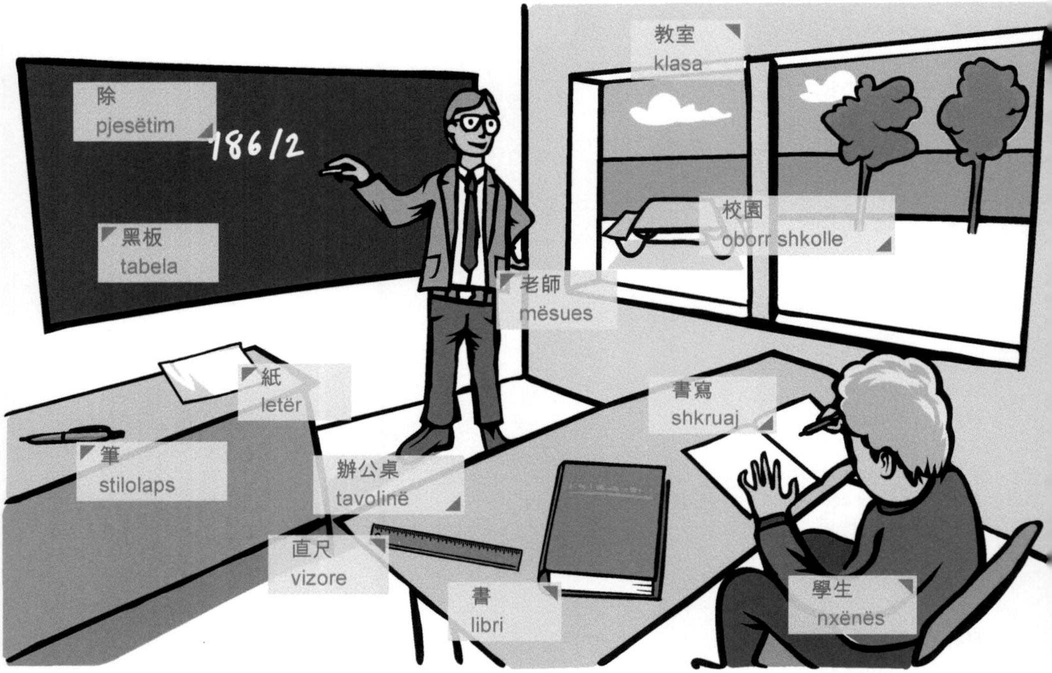

教室
klasa
除
pjesëtim
186/2
黑板
tabela
校園
oborr shkolle
老師
mësues
紙
letër
書寫
shkruaj
筆
stilolaps
辦公桌
tavolinë
直尺
vizore
書
libri
學生
nxënës

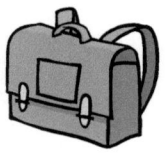

書包

çantë

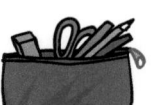

鉛筆盒

mbajtëse lapsash

鉛筆

laps

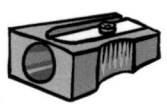

削鉛筆機

mprehës lapsash

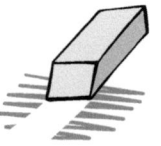

橡皮擦

gomë

畫板

fletore vizatimi

圖畫

vizatim

畫筆

penel

顏料盒

kuti bojërash

剪刀

gërshërë

膠水

ngjitës

練習冊

fletore detyrash

家庭作業

detyrë shtëpie

12

數字

numër

2+2

加

mbledh

5-2

減

zbres

2×2

乘

shumëzoj

計算

llogaris

A

字母

gërmë

ABCDEFG
HIJKLMN
OPQRSTU
VWXYZ

字母表

alfabeti

字

fjalë

課文
tekst

讀
lexoj

粉筆
shkumës

上課
mësim

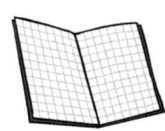

登記
regjistër

考試
provim

證書
çertifikatë

校服
uniformë shkolle

教育
arsimim

百科全書
enciklopedia

大學
universitet

顯微鏡
mikroskop

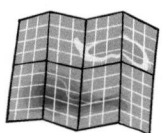

地圖
hartë

廢紙簍
kosh letrash

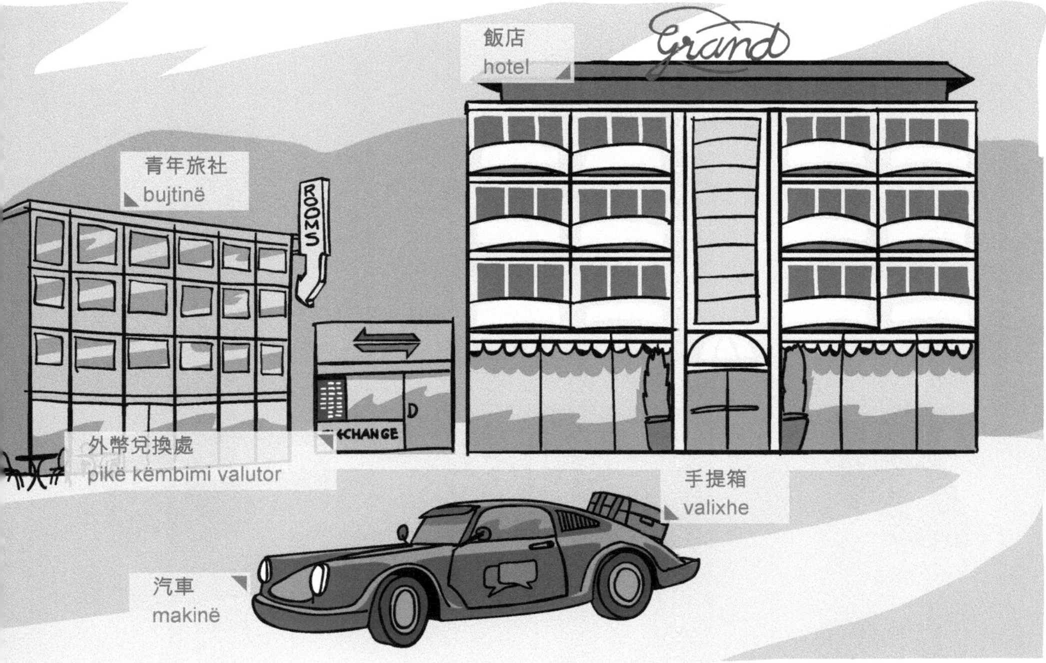

飯店
hotel
Grand
青年旅社
bujtinë
ROOMS
外幣兌換處
pikë këmbimi valutor
手提箱
valixhe
汽車
makinë

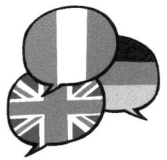

語言
gjuhë

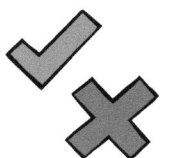

是/否
po / jo

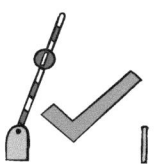

好的
Në rregull

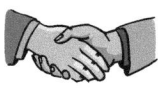

您好
ç'kemi

翻譯人員
përkthyes

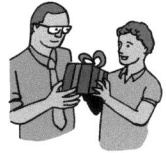

謝謝
Faleminderit

……多少錢？

sa kushton…?

我不明白

nuk e kuptoj

問題

problem

晚上好！

Mirëmbrëma!

早上好！

Mirëmëngjes!

晚安！

Natën e mirë!

再見

mirupafshim

方向

drejtim

行李

bagazhet

包

çantë

背包

çantë shpine

客人

mysafir

房間

dhomë

睡袋

thes gjumi

帳篷

tendë

旅行資訊

informacion për turistët

海灘

plazh

信用卡

kartë krediti

早餐

mëngjes

午餐

drekë

晚餐

darkë

票

Biletë

電梯

ashensor

郵票

pulla

邊界

kufi

海關

doganë

大使館

ambasadë

簽證

vizë

護照

pasaportë

交通運送

transport

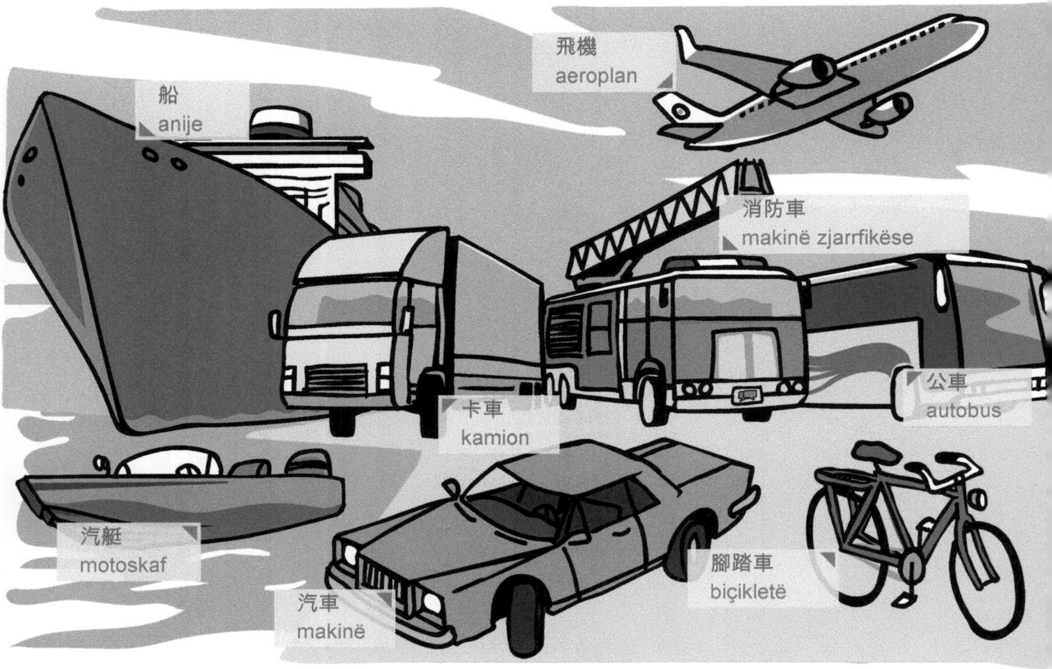

飛機
aeroplan
船
anije
消防車
makinë zjarrfikëse
公車
autobus
卡車
kamion
汽艇
motoskaf
腳踏車
biçikletë
汽車
makinë

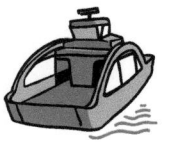

渡輪

traget

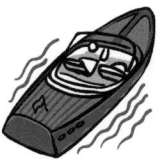

小船

varkë

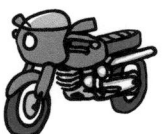

機車

motoçikletë

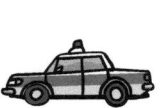

警車

makinë policie

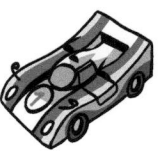

賽車

makinë garash

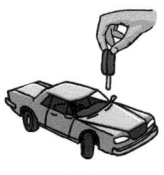

租車

makinë me qira

拼車

ndarje e qirasë së makinës

拖車

karroatrec

垃圾車

makinë plehrash

馬達

motor

汽油

benzinë

加油站

pikë karburanti

交通標識

sinjalistikë trafiku

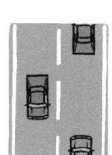

交通

trafik

交通堵塞

bllokim trafiku

停車場

parkim makinash

火車站

stacion treni

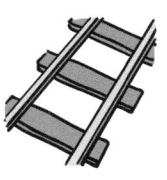

軌道

trase

火車

tren

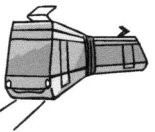

路面電車

tramvaj

客車廂

karro

直升機
helikopter

機場
aeroport

塔
kullë

乘客
pasagjer

集裝箱
kontenier

紙板箱
kuti kartoni

手推車
qerre

籃子
shportë

起飛/降落
ngrihem / ulem

城市
qytet

村莊
fshat

市中心
qendra e qytetit

房子
shtëpi

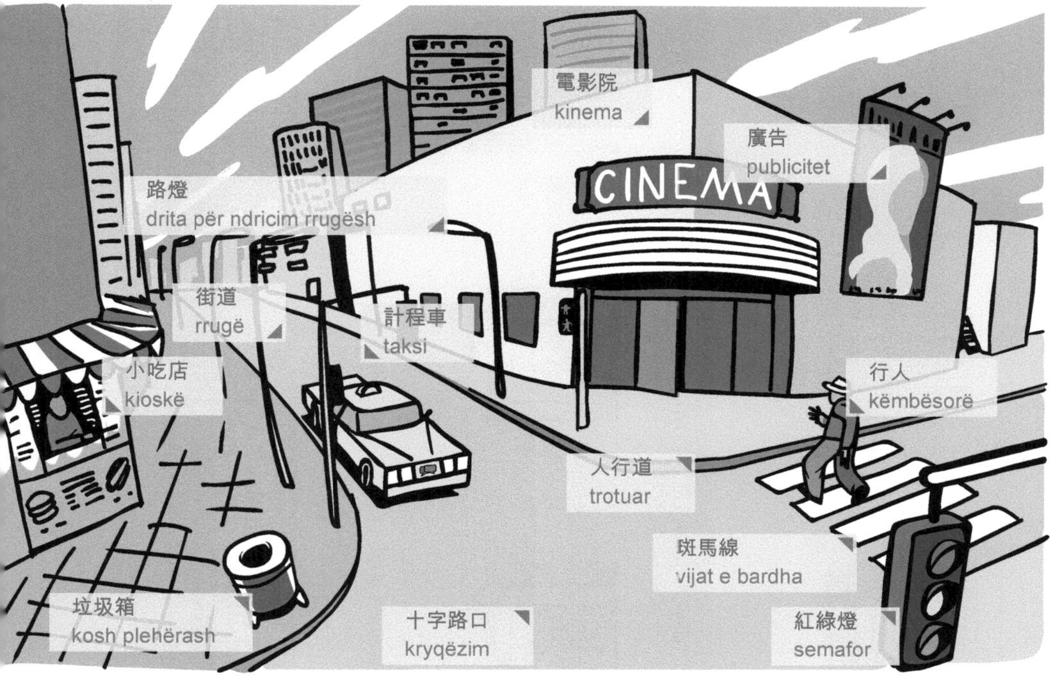

電影院
kinema
廣告
publicitet
CINEMA
路燈
drita për ndricim rrugësh
街道
rrugë
計程車
taksi
小吃店
kioskë
行人
këmbësorë
人行道
trotuar
斑馬線
vijat e bardha
垃圾箱
kosh plehërash
十字路口
kryqëzim
紅綠燈
semafor

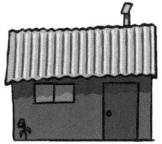

小屋

kasolle

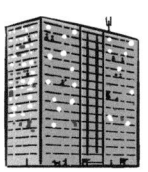

公寓

apartament

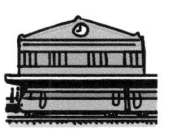

火車站

stacion treni

市政廳

bashki

MUSEUM

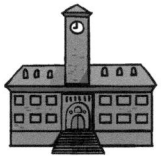

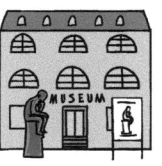

博物館

muze

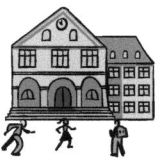

學校

shkolla

大學
universitet

銀行
bankë

醫院
spital

飯店
hotel

藥房
farmaci

辦公室
zyrë

書店
librari

商店
dyqan

花店
dyqan lulesh

超市
supermarket

市場
market

百貨商店
mapo

魚店
dyqan peshku

購物中心
qëndër tregtare

海港
port

公園
park

長凳
stol

橋
urë

樓梯
shkallë

捷運
metro

隧道
tunel

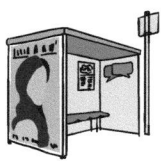

公車站
stacion autobuzi

酒吧
bar

餐館
restorant

郵筒
kuti postare

路標
sinjalistikë rrugore

停車計時器
kohëmatës parkimi

動物園
kopsht zoologjik

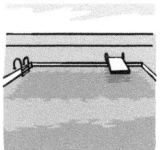

游泳池
pishinë

清真寺
xhami

農場

fermë

污染

ndotje

墓地

varrezë

教堂

kishë

操場

shesh lojërash

寺廟

tempull

地形

peisazh

樹葉
gjethe

指示牌
tabela orientuese

路
rrugë

草地
livadh

石頭
gurë

樹
pemë

徒步旅行者
ekskursionist

河
lumë

草
bar

花
lule

峽谷

luginë

丘陵

kodër

湖

liqen

森林

pyll

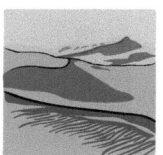

沙漠

shkretëtirë

火山

vullkan

城堡

kështjellë

彩虹

ylber

蘑菇

kepudhë

棕櫚樹

palmë

蚊子

mushkonjë

蒼蠅

mizë

螞蟻

milingonë

蜜蜂

bletë

蜘蛛

merimangë

甲蟲
brumbull

青蛙
bretkosë

松鼠
ketër

刺蝟
iriq

野兔
lepur

貓頭鷹
buf

鳥
zog

天鵝
mjellmë

野豬
derr i egër

鹿
dre

麋鹿
dre brilopatë

水壩
digë

風力發電機
turbinë ere

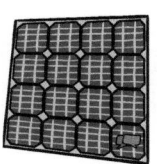

太陽能電池板
panel diellor

氣候
klimë

餐館
restorant

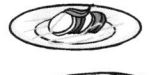

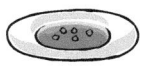

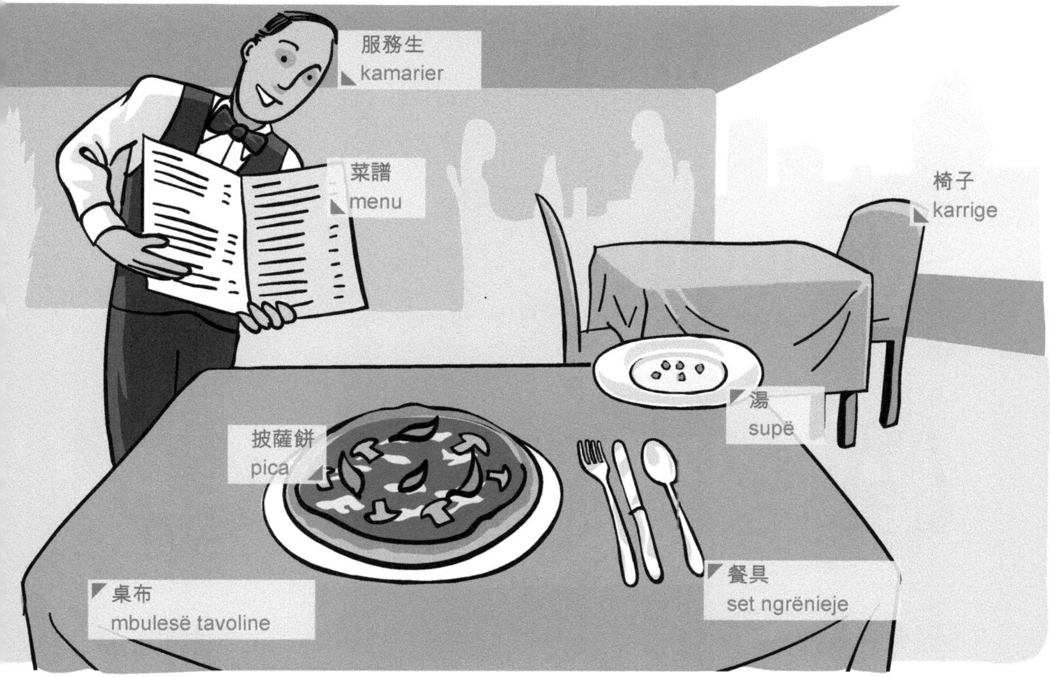
服務生
kamarier
菜譜
menu
椅子
karrige
湯
supë
披薩餅
pica
餐具
set ngrënieje
桌布
mbulesë tavoline

前菜

pjatë e parë

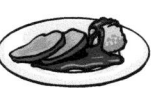

主菜

pjatë kryesore

甜點

ëmbëlsirë

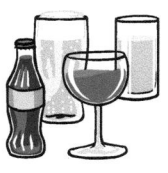

飲料

pije

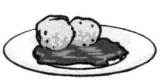

食物

ushqim

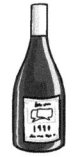

瓶子

shishe

速食

ushqim i shpejtë

街邊小吃

ushqim i shërbyer në rrugë

茶壺

ibrik çaji

糖盒

kuti sheqeri

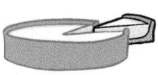

一份飯菜

racion

義式咖啡機

makinë kafeje ekspres

高腳椅

karrige e lartë

帳單

faturë

托盤

tabaka

刀

thika

餐叉

pirun

勺子

lugë

茶匙

lugë çaji

餐巾

pecetë

玻璃杯

gotë

餐館 - restorant

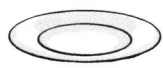

碟子

pjatë

湯盤

pjatë supe

碟子

pjatë filxhani

醬

salcë

鹽瓶

mbajtëse kripe

胡椒研磨罐

mulli piperi

醋

uthull

食用油

vaj

調味料

erëza

番茄醬

keçap

芥末

mustardë

美乃滋

majonezë

超市

supermarket

特價
ofertë speciale
FOR
顧客
klient
乳製品
produkte bulmeti
水果
frut
購物車
karrocë pazari

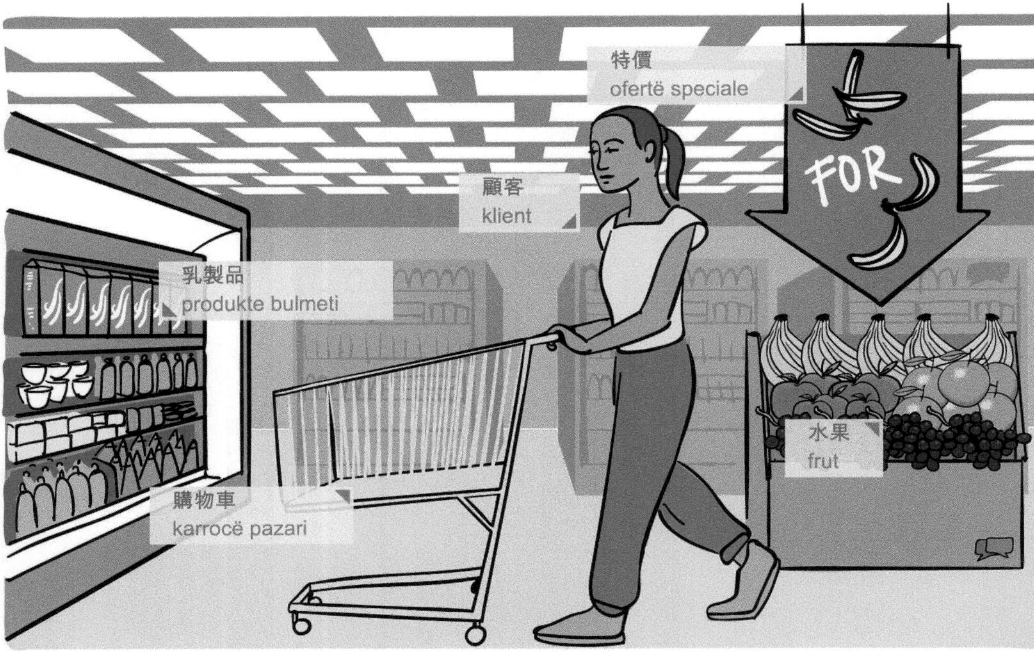

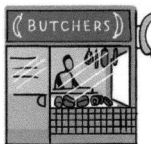

BUTCHERS

肉鋪

dyqan mishi

BAKERY

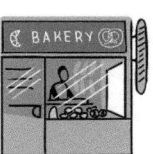

麵包店

furrë buke

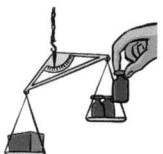

稱重

peshoj

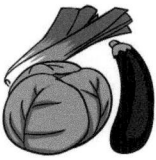

蔬菜

perime

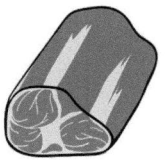

肉

mish

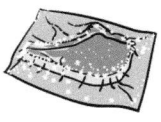

冷凍食品

ushqim i ngrirë

冷盤
copë

罐頭食品
ushqim i konservuar

洗衣粉
pluhur larës

甜食
ëmbëlsirat

日用品
prodhime shtëpie

清潔用品
produkte pastrimi

銷售員
shitëse

收銀機
kasë fiskale

收銀員
arkëtar

購物清單
listë blerjeje

開放時間
oraret e punës

錢包
portofol

信用卡
kartë krediti

袋子
çantë

塑膠袋
qese plastike

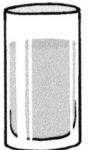

水

ujë

果汁

lëng frutash

牛奶

qumësht

可樂

koka-kola

紅酒

verë

啤酒

birrë

酒

alkool

可可

kakao

茶

çaj

咖啡

kafe

義式濃縮咖啡

kafe ekspres

卡布奇諾

kapuçino

香蕉

banane

蘋果

mollë

柳丁

portokalle

西瓜

pjepër

檸檬

limon

胡蘿蔔

karrotë

大蒜

hudhër

竹子

bambu

洋蔥

qepë

蘑菇

kërpudha

堅果

arra

麵條

makarona

義大利麵

spageti

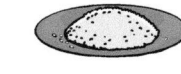

米飯

oriz

沙拉

sallatë

薯條

patate të skuqura

炸馬鈴薯

patate të skuqura

披薩餅

pica

漢堡

hamburger

三明治

sanduiç

炸豬排

shnicel

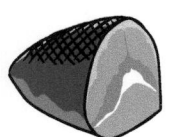

火腿

proshutë

義大利臘腸

sallam

香腸

salçiçe

雞肉

pulë

烤肉

skuq

魚

peshk

燕麥片

tërshërë

木斯里

drithëra

玉米片

kornfleiks

麵粉

miell

牛角麵包

kruasant

麵包捲

panine

麵包

bukë

吐司

tost

餅乾

biskotë

奶油

gjalp

凝乳

gjizë

蛋糕

tortë

蛋

vezë

煎蛋

vezë sy

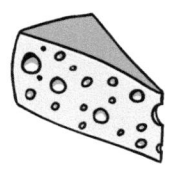

起司

djathë

冰淇淋

akullore

糖

sheqer

蜂蜜

mjaltë

果醬

marmaladë

巧克力醬

çokokrem

咖哩

këri

農場

fermë

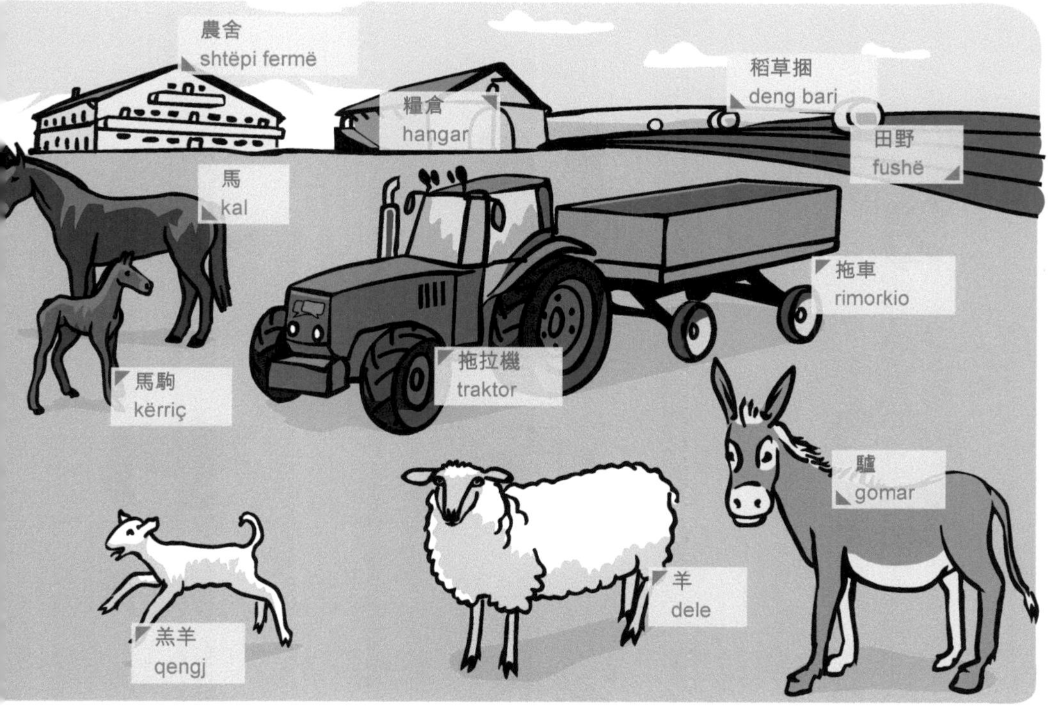
農舍
shtëpi fermë
稻草捆
deng bari
糧倉
hangar
田野
fushë
馬
kal
拖車
rimorkio
拖拉機
traktor
馬駒
kërriç
驢
gomar
羊
dele
羔羊
qengj

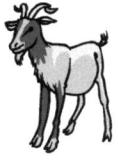

山羊

dhi

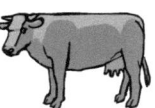

奶牛

lopë

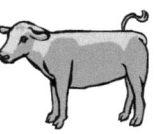

小牛

viç

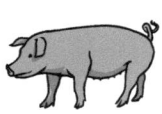

豬

derr

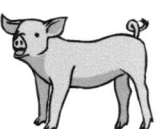

小豬

derrkuc

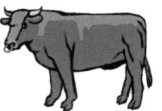

公牛

dem

鵝

patë

鴨

rosë

小雞

zog pule

母雞

pulë

公雞

gjel

鼠

mi

貓

mace

老鼠

mi

牛

buall

狗

qen

狗屋

kolibe qeni

花園澆水軟管

zorrë vaditëse

澆水壺

vaditëse

長柄大鐮刀

kosë

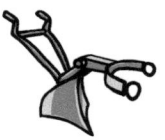

犁

plug

鐮刀

draprër

鋤頭

shat

長柄草耙

kosa

斧頭

sëpatë

獨輪手推車

karrocë

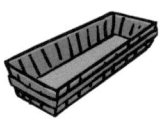

飼料槽

govatë

牛奶罐

bidon qumështi

麻布袋

thes

柵欄

gardh

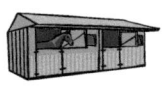

馬廐

ahur

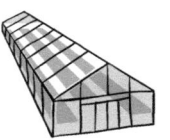

溫室

serë

土壤

dhe

種子

farë

肥料

pleh

聯合收割機

autokombanjë

收割

korr

收割

te korrat

地瓜

patate e ëmbël "Yam"

小麥

grurë

大豆

soja

土豆

patate

玉米

misër

油菜籽

raps

果樹

pemë frutore

樹薯

zhardhok manioku

穀物

drithëra

房子

shtëpi

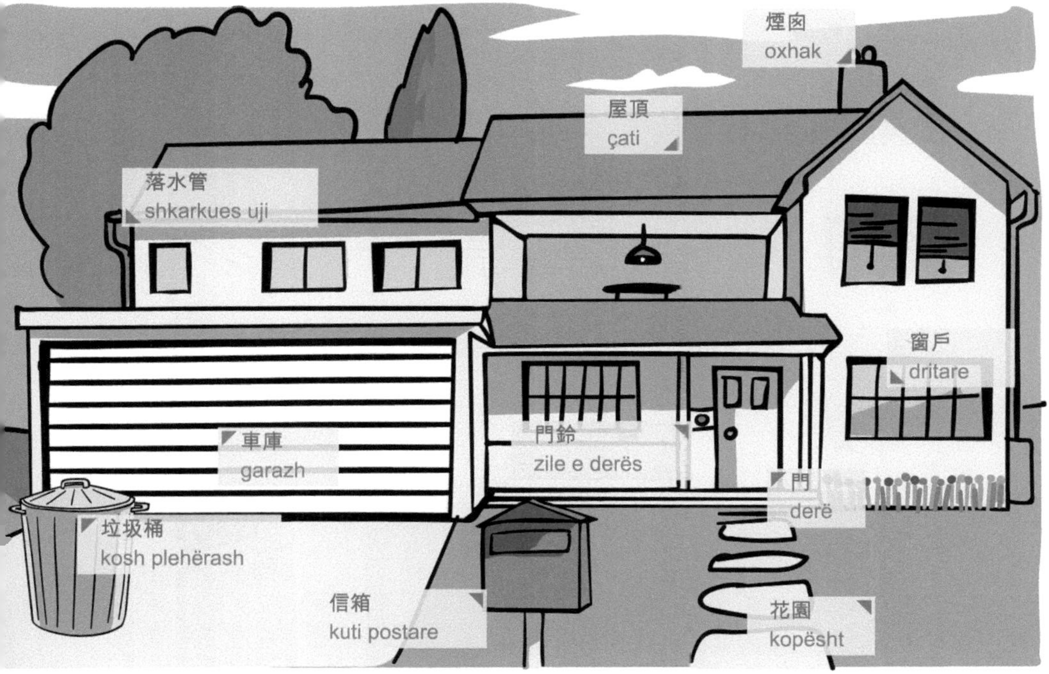

煙囪
oxhak
屋頂
çati
落水管
shkarkues uji
窗戶
dritare
車庫
garazh
門鈴
zile e derës
門
derë
垃圾桶
kosh plehërash
信箱
kuti postare
花園
kopësht

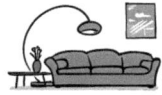

客廳

dhomë ndenjeje

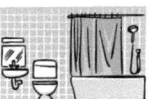

浴室

tualet

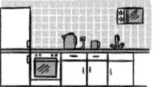

廚房

kuzhinë

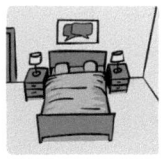

臥室

dhomë gjumi

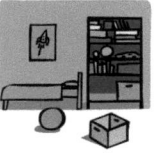

兒童房

dhomë fëmijësh

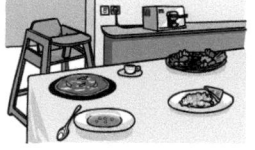

餐廳

dhomë ngrënieje

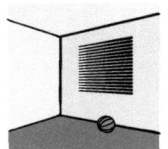

地板
dysheme

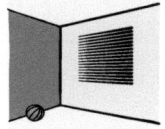

牆壁
mur

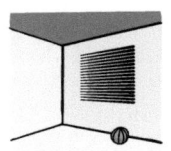

天花板
tavan

地窖
bodrum

三溫暖
sauna

陽臺
ballkon

露臺
tarracë

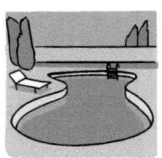

游泳池
pishinë

割草機
kositëse bari

被單
çarçaf

床罩
kuvertë

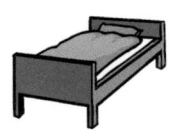

床
krevat

掃帚
fshesë dore

水桶
kovë

開關
çelës

客廳

dhomë ndenjeje

壁紙
tapiceri
相片
fotografi
擱架
raft
壁爐
vatër
花
lule
花瓶
vazo
電視
pajisje televizive
櫥櫃
dollap
檯燈
llambë
墊子
jastëk
沙發
divan
遙控器
telekomandë

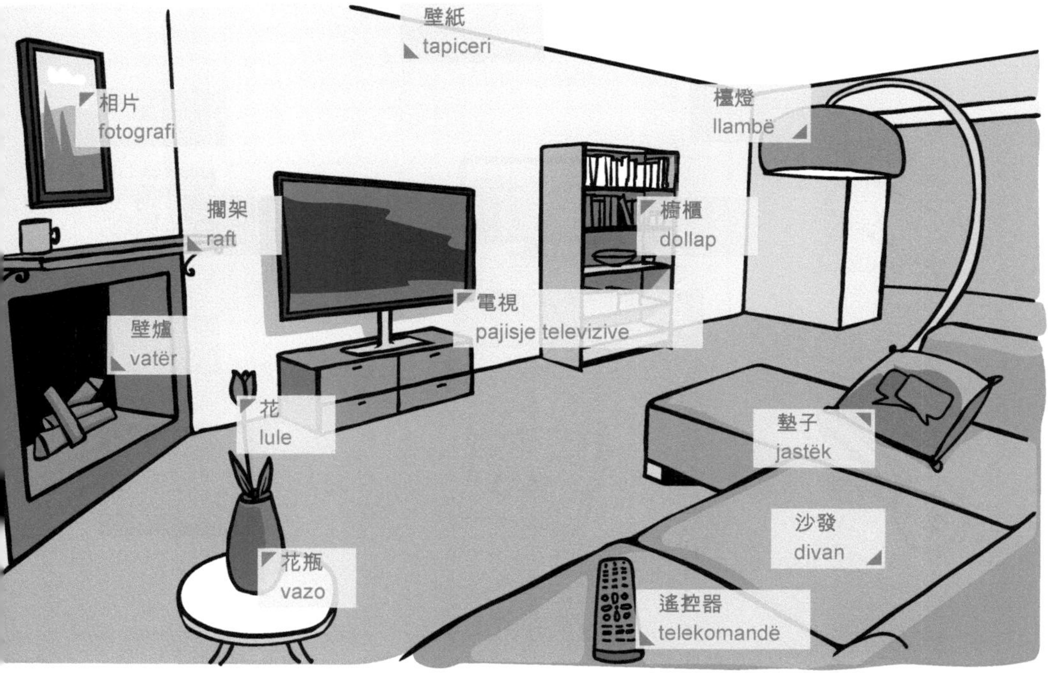

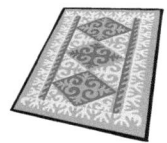

地毯

qilim

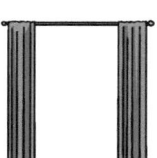

窗簾

perde

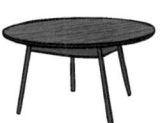

餐桌

tavolinë

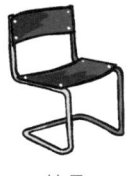

椅子

karrige

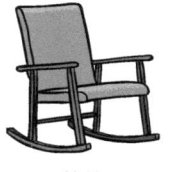

搖椅

karrige lëkundëse

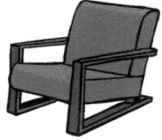

扶手椅

kolltuk

書
libri

毯子
batanije

裝飾品
zbukurime

木柴
dru zjarri

電影
film

高傳真音響
stereo

鑰匙
çelës

報紙
gazetë

油畫
pikturë

海報
afishe

收音機
radio

筆記本
bllok shënimesh

吸塵器
fshesë me korent

仙人掌
kaktus

蠟燭
qiri

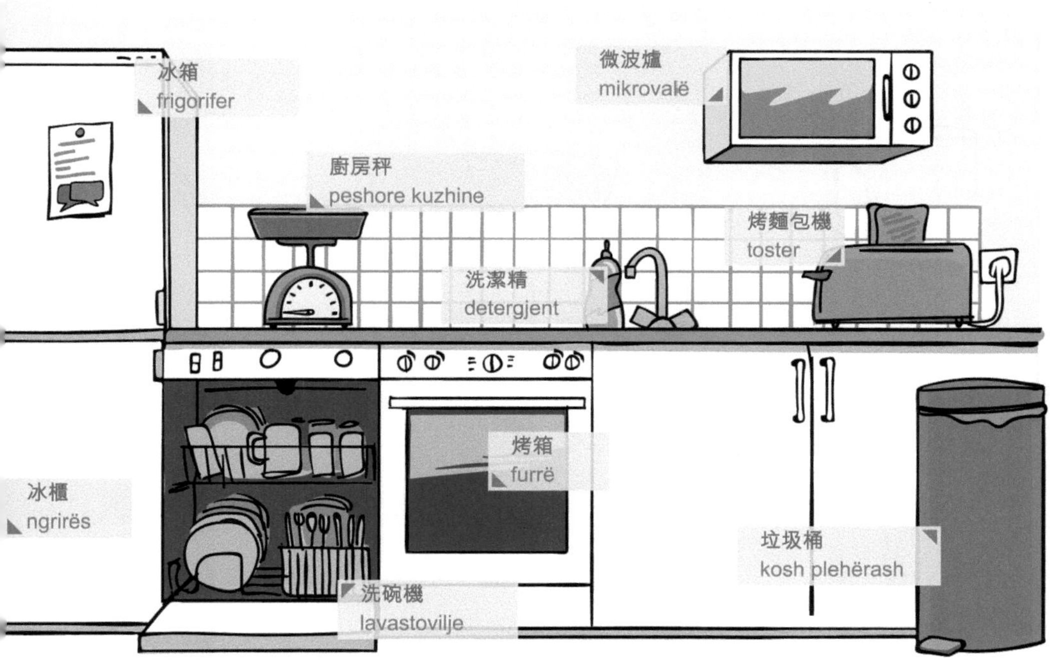

冰箱
frigorifer

微波爐
mikrovalë

廚房秤
peshore kuzhine

烤麵包機
toster

洗潔精
detergjent

冰櫃
ngrirës

烤箱
furrë

垃圾桶
kosh plehërash

洗碗機
lavastovilje

炊具

sobë

鍋

tenxhere

鑄鐵鍋

tenxhere me kapak

炒鍋

tigan special (Wok)

平底鍋

tigan

水壺

çajnik

蒸鍋

tenxhere me avull

烤盤

tavë pjekjeje

陶瓷鍋

enë

馬克杯

filxhan

碗

tas

筷子

shkopinj

長柄勺

garuzhde

鏟子

spatul

攪拌器

tel kuzhine

濾網

kulluese

篩子

sitë

磨碎機

rende

研缽

havan

燒烤

skarë

明火

zjarr

菜板

dërrasë për prerje

擀麵杖

okllai

開瓶器

heqëse tapash

罐子

kanaçe

開罐器

hapëse kanaçeje

隔熱手套

rrobë për të kapur tenxheren

水槽

lavaman

刷子

furçë

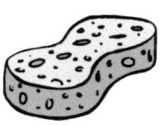

海綿

sfungjer

攪拌機

përzjerës

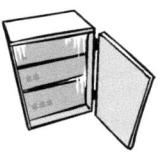

冷藏箱

ngrirës

奶瓶

biberon për lëngje

水龍頭

rubinet

浴室

tualet

淋浴
dush
供暖裝置
ngrohje
毛巾
peshqirë
浴簾
perde dushi
泡沫浴
vaskë me shkumë
浴缸
vaskë
玻璃杯
gotë
洗衣機
lavatriçe
水龍頭
rubinet
瓷磚
pllaka
便壺
oturak
水槽
lavaman

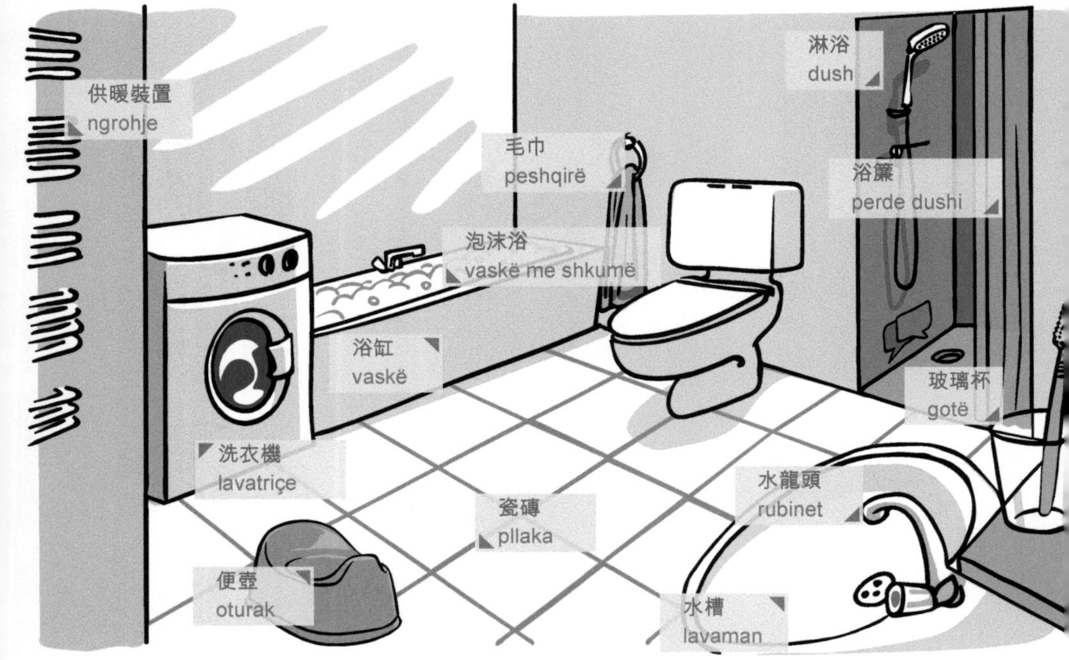

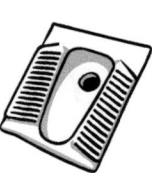

廁所

tualet

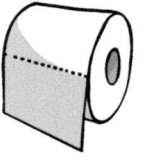

蹲便器

WC e sheshtë

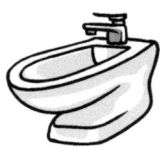

坐浴器

bide

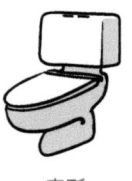

小便斗

tualet publik

廁紙

letër higjienike

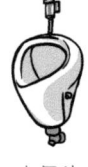

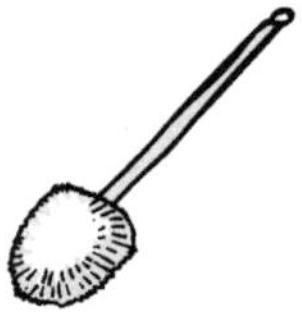

馬桶刷

furçe për WC

牙刷
furçë dhëmbësh

牙膏
pastë dhëmbësh

牙線
fije dentare

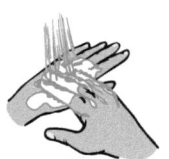
洗
laj

手持式蓮蓬頭
dorezë dushi

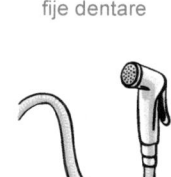
沖洗器
larës për zonën intime

洗臉盆
legen

洗背刷
furçë për masazh shpine

肥皂
sapun

沐浴露
shampo trupi

洗髮乳
shampo

法蘭絨
leckë pastruese

排水
kullues

乳霜
krem

除臭劑
antidjersë

鏡子

pasqyrë

手鏡

pasqyrë dore

刮鬍刀

brisk rroje

刮鬍泡沫

shkumë rroje

鬍後水

locion pas rrojes

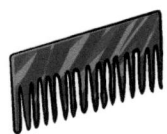

梳子

krehër

刷子

furçë

吹風機

tharëse flokësh

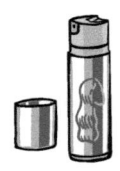

噴髮定型劑

llak për flokët

化妝品

grim

唇膏

buzëkuq

指甲油

manikyr

化妝棉

mbushje pambuku

指甲剪

gërshërë për thonj

香水

parfum

洗漱包

antë për sendet personale

凳子

Stol

計重秤

peshore

浴袍

robëdëshambër

橡膠手套

dorashka gome

衛生棉條

tampon

衛生棉

peceta higjienike

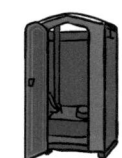

化學廁所

tualet I lëvizshëm

兒童房

dhomë fëmijësh

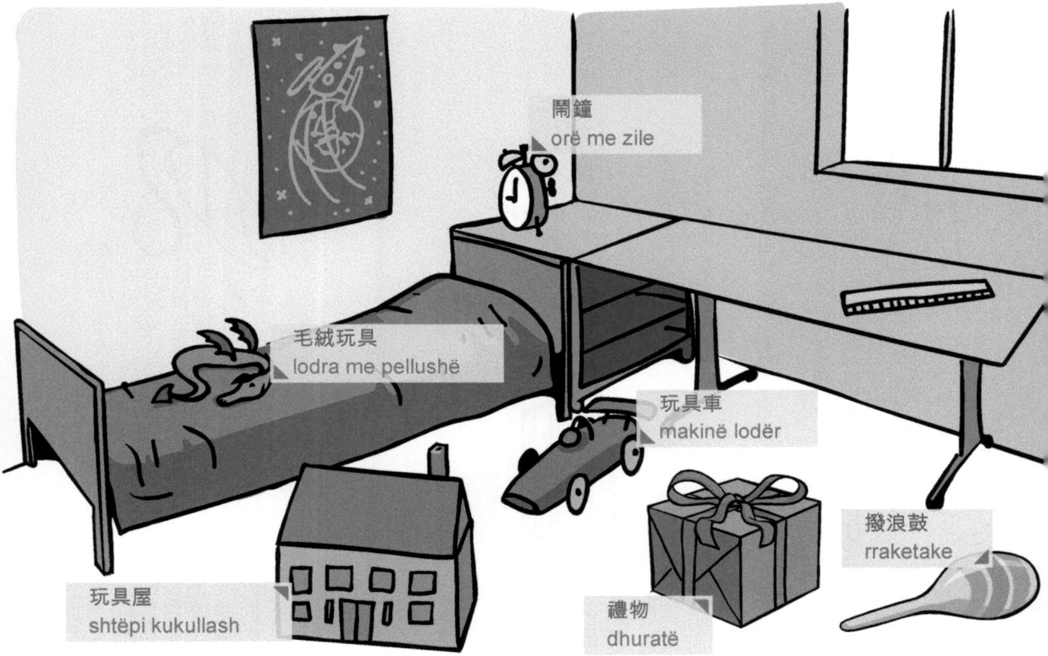

鬧鐘
orë me zile
毛絨玩具
lodra me pellushë
玩具車
makinë lodër
撥浪鼓
rraketake
玩具屋
shtëpi kukullash
禮物
dhuratë

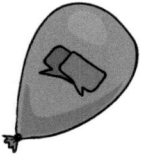

氣球

tollumbace

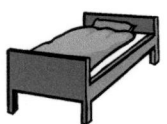

床

krevat

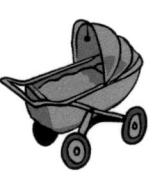

嬰兒車

karrocë fëmijësh

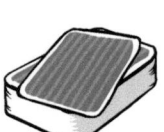

撲克牌

lojë me letra

拼圖

bashkim pjesësh me figura

SUPER MEGA

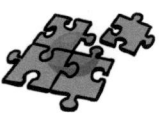

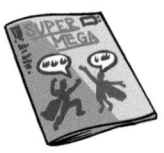

漫畫

komik

樂高積木

formuese lodër

積木玩具

kuba plastikë

公仔

lodra

嬰兒服

badi

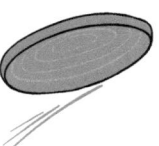

飛盤

frizbi

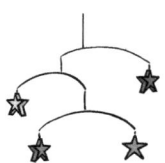

床鈴玩具

lodra të varura tek krevati i fëmijëve

棋盤遊戲

tavolinë lojërash

骰子

zare

火車模型

model treni

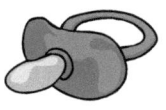

安撫奶嘴

biberon

派對

festë

繪本

libër me ilustrime

球

top

洋娃娃

kukull

玩

luaj

沙坑

grumbull rëre

鞦韆

kolovarëse

玩具

lodra

電玩遊戲

leva për lojra video

三輪車

triçikël

泰迪熊

arush prej pellushi

衣櫃

garderobë

衣服
veshje

襪子

çorape

長襪

çorape të gjata

緊身褲

geta

圍巾
shall

雨傘
çadër

皮帶
rrip

T恤
bluzë pa jakë

運動鞋
atlete

靴子
çizme

拖鞋
pantofla

涼鞋
sandale

鞋
këpucë

雨靴
çizme llastiku

內褲
të mbathura

胸罩
reçipeta

背心
kanotierë

身體

trup

褲子

pantallona

牛仔褲

xhinse

短裙

fund

女式襯衫

bluzë

襯衫

këmishë

套頭衫

pulovër

連帽上衣

triko

西裝夾克

xhaketë

夾克

xhaketë

外套

pallto

雨衣

mushama shiu

套裝

kostum

連衣裙

fustan

婚紗

fustan nusërie

西裝

kostum

睡袍

këmishë nate

睡衣

pizhama

莎麗

sari (veshje tradicionale indiane)

頭巾

shami koke

包頭巾

çallmë

波卡

eshje për femrat e besimit musliman

卡夫坦

kaftan (lloj veshjeje tradicionale)

(阿拉伯式)長袍

ferexhe

泳衣

kostum banje

男式泳褲

rroba banje

短褲

pantallona të shkurtra

運動服

tuta sporti

圍裙

përparëse

手套

dorashka

鈕扣

kopsë

眼鏡

syze

手鏈

byzylyk

項鍊

gjerdan

戒指

unazë

耳環

vath

便帽

kapuç

衣架

varëse për pallto

帽子

kapele

領帶

kravatë

拉鍊

zinxhir

安全帽

helmetë

背帶

tiranda

校服

uniformë shkolle

制服

uniformë

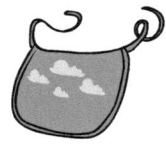

圍兜

gushore

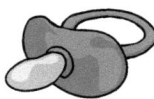

安撫奶嘴

biberon

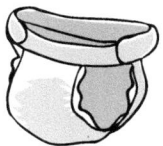

尿布

pelenë

辦公室

zyrë

伺服器
server
檔案櫃
skedar
印表機
printer
紙
letër
螢幕
ekran
滑鼠
maus
辦公桌
tavolinë
資料夾
dosje
鍵盤
tastierë
廢紙簍
kosh letrash
電腦
kompjuter
椅子
karrige

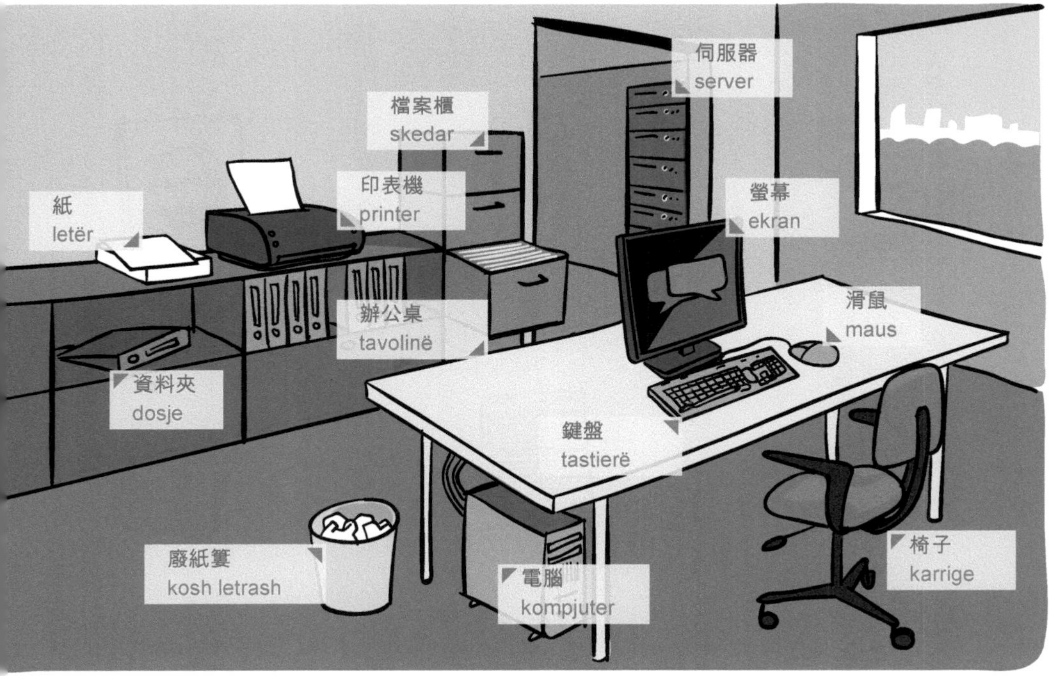

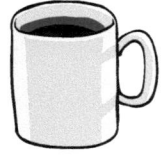

咖啡杯

filxhan kafeje

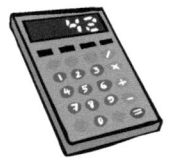

計算機

makinë llogaritëse

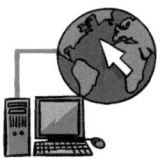

網際網路

internet

筆記型電腦

kompjuter portativ

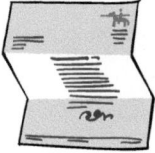

信件

letër

簡訊

mesazh

行動電話

telefon

網路

rrjet

影印機

fotokopje

軟體

program

電話

telefon

插座

prizë

傳真機

pajisje faksi

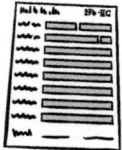

表格

formular

檔案

dokument

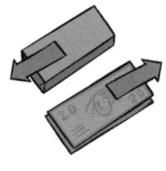

買

blej

付錢

paguaj

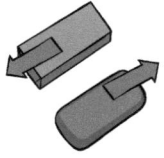

交易

tregtoj

現金

para

美元

dollar

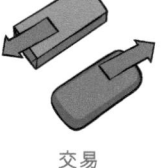

歐元

euro

日元

jen

盧布

rubla

瑞士法郎

franga zvicerane

人民幣

juani kinez

盧比

rupje

提款處

bankomat

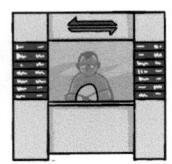

外幣兌換處

pikë këmbimi valutor

金

ar

銀

argjend

石油

nafta

能源

energji

價格

çmim

合約

kontratë

稅金

taksë

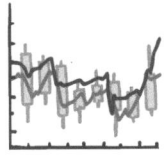

股票

aksione

工作

punoj

職員

punonjës

老闆

punëdhënës

工廠

fabrikë

商店

dyqan

職業

profesionet

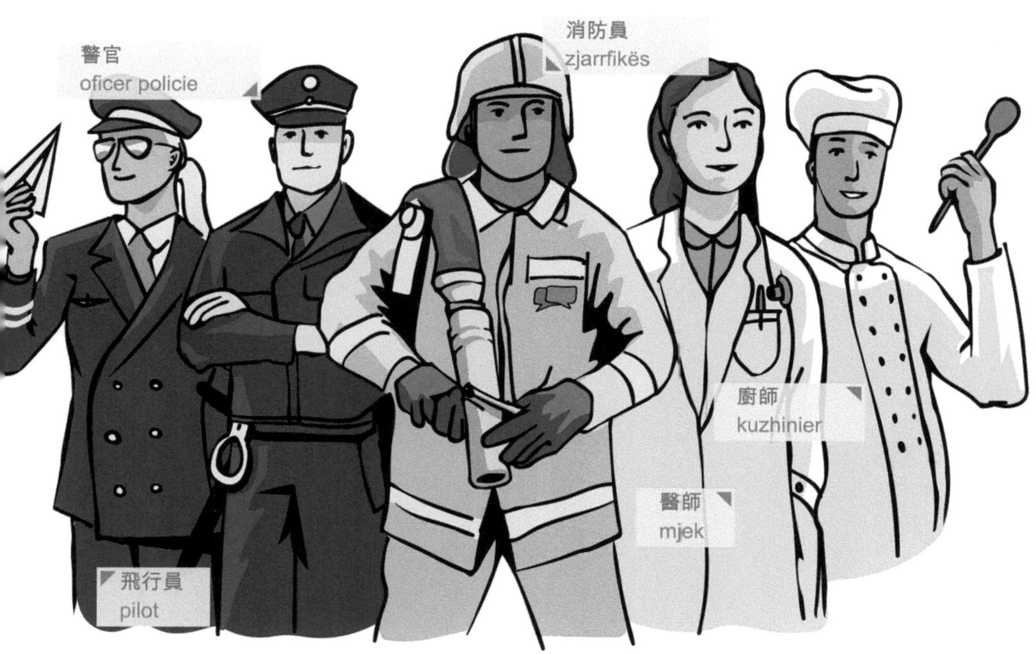

警官
oficer policie
消防員
zjarrfikës
廚師
kuzhinier
醫師
mjek
飛行員
pilot

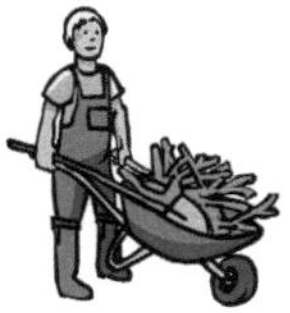

園丁

kopshtar

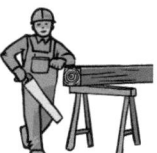

木匠

marangoz

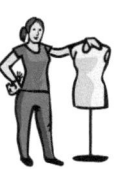

裁縫

rrobaqepëse

法官

gjykatës

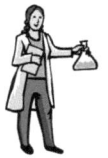

化學家

kimist

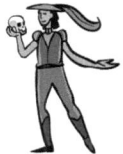

演員

aktor

公車司機

shofer autobuzi

計程車司機

taksist

漁夫

peshkatar

清洗女工

pastruese

屋頂工

riparues çatish

服務生

kamarier

獵人

gjuetar

畫家

piktor

麵包師

furrxhi

電工

elektriçist

建築工人

ndërtues

工程師

inxhinier

屠夫

kasap

水管工

hidraulik

郵差

postieri

職業 - profesionet

士兵
ushtar

建築師
arkitekt

收銀員
arkëtar

花農
luleshitës

理髮師
berber

售票員
kontrollor

機械技師
mekanik

船長
kapiten

牙醫
dentist

科學家
shkencëtar

拉比
rabin

伊瑪目
imam

和尚
murg

牧師
klerik

工具

mjete

鐵錘
çekiç
鉗子
pinca
螺絲起子
kaçavidë
手電筒
elektrik dore
扳手
çelës mekanik

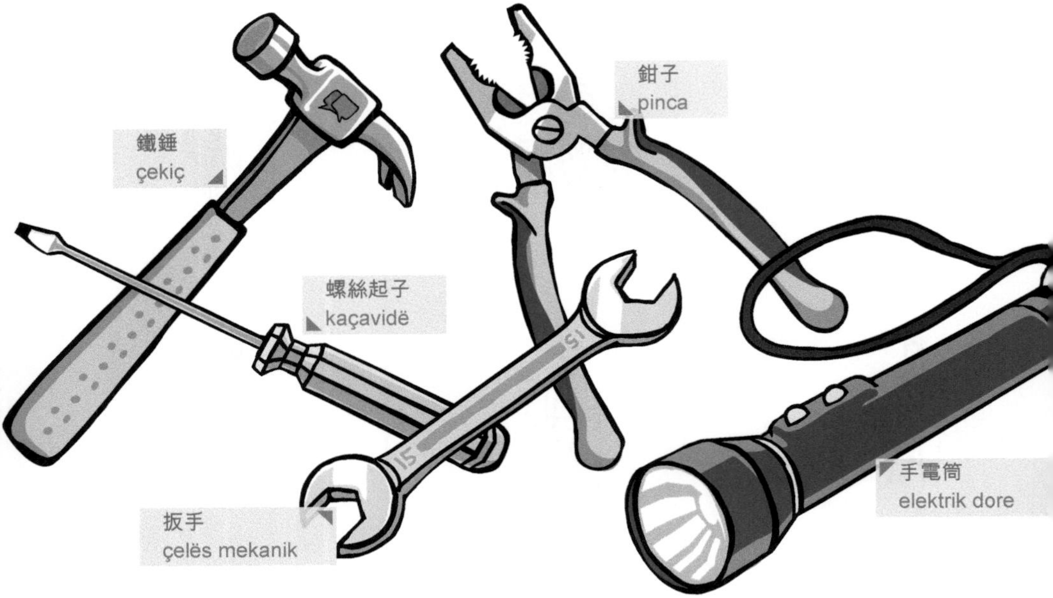

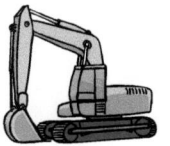

挖掘機

ekskavator

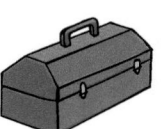

工具箱

kuti veglash

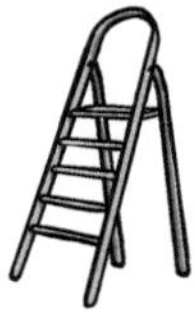

梯子

shkallë

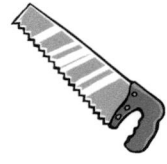

鋸子

sharrë

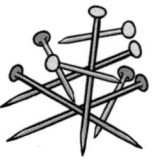

釘子

gozhdë

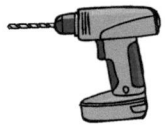

鑽機

trapan

修
riparoj

鏟子
lopatë

糟糕！
Dreq!

畚箕
kaci

油漆桶
kuti boje

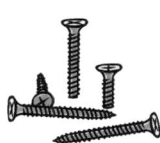

螺絲
vidhë

樂器
instrumenta muzikorë

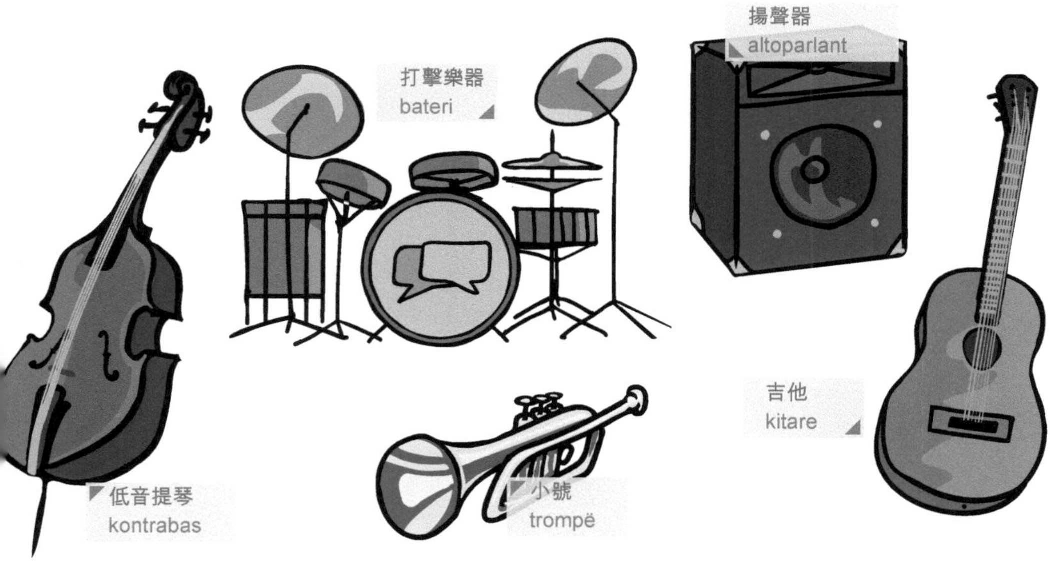

打擊樂器
bateri

揚聲器
altoparlant

低音提琴
kontrabas

小號
trompë

吉他
kitare

鋼琴

piano

小提琴

violinë

貝斯

bas

定音鼓

tamburë

鼓

daulle

電子琴

tastierë pianoje

薩克斯風

saksofon

長笛

flaut

麥克風

mikrofon

動物園
kopsht zoologjik

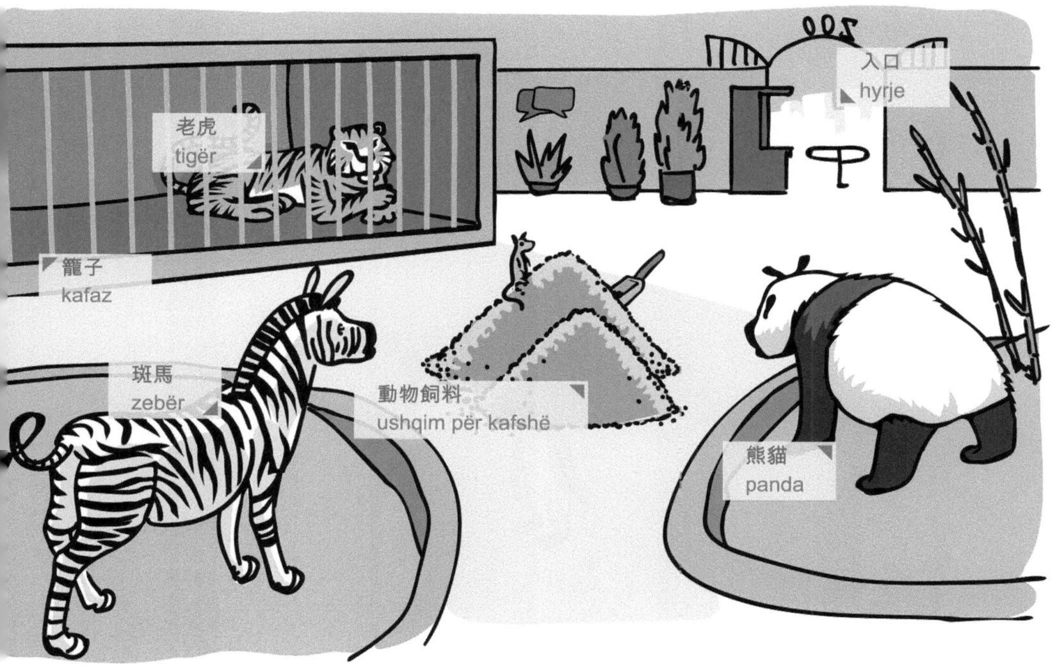

zoo
入口
hyrje
老虎
tigër
籠子
kafaz
斑馬
zebër
動物飼料
ushqim për kafshë
熊貓
panda

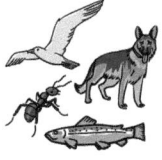

動物

kafshë

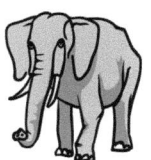

大象

elefant

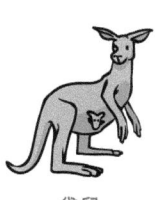

袋鼠

kangur

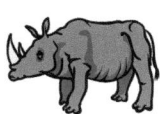

犀牛

rinoceront

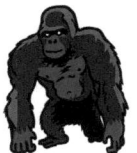

大猩猩

gorillë

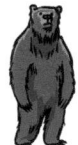

熊

ari

駱駝

deve

鴕鳥

struc

獅子

luan

猴子

majmun

紅鶴

flamingo

鸚鵡

papagall

北極熊

ari polar

企鵝

pinguin

鯊魚

peshkaqen

孔雀

pallua

蛇

gjarpër

鱷魚

krokodil

動物園管理員

punonjës i kopshtit zoologjik

海豹

fokë

美洲豹

xhaguar

矮種馬

poni

豹

leopard

河馬

hipopotam

長頸鹿

gjirafë

老鷹

shqiponjë

野豬

derr i egër

魚

peshk

龜

breshkë

海象

lopë deti

狐狸

dhelpër

羚羊

gazelë

橄欖球
futboll amerikan

騎腳踏車
çiklizëm

網球
tenis

籃球
basketboll

游泳
not

拳擊
boks

冰球
hokej mbi akull

美式足球
futboll

羽毛球
badminton

田徑
atletikë

手球
hendboll

滑雪
ski

馬球
polo

跳
hidhem

擁抱
përqafoj

笑
qesh

唱
këndoj

走路
eci

祈禱
lutem

親吻
puth

做夢
ëndërroj

書寫
shkruaj

畫
vizatoj

展示
tregoj

推
shtyj

給
jap

拿
marr

有
kam

做
bëj

當
jam

站
qëndroj

跑
vrapoj

拉
tërheq

丟
hedh

摔倒
bie

躺
shtrihem

等待
pres

攜帶
mbaj

坐
ulem

穿衣
vishem

睡覺
fle

醒來
zgjohem

看
shikoj

哭
qaj

擊
përkëdhel

梳頭
kreh

交談
bisedoj

明白
kuptoj

問
kërkoj

聽
dëgjoj

喝
pi

吃
ha

清理
sistemoj

愛
dashuroj

做飯
gatuaj

開車
drejtoj makinën

飛
fluturoj

航行

lundroj

計算

llogaris

讀

lexoj

學習

mësoj

工作

punoj

結婚

martohem

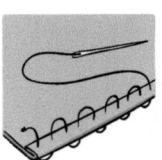

縫

qep

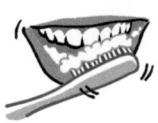

刷牙

laj dhëmbët

殺

vras

抽菸

tymos

寄

dërgoj

familje

祖母
gjyshe

祖父
gjysh

父親
baba

母親
nënë

嬰兒
bebe

女兒
vajzë

兒子
djalë

客人

mysafir

阿姨

teze, hallë

叔叔

dajë, xhaxha

兄弟

vëlla

姐妹

motër

身體

trupi

前額
balli
眼睛
syri
臉
fytyra
下巴
mjekra
手指
gishti
手
dora
乳房
kraherori
手臂
krahu
肩膀
shpatulla
腿
këmba

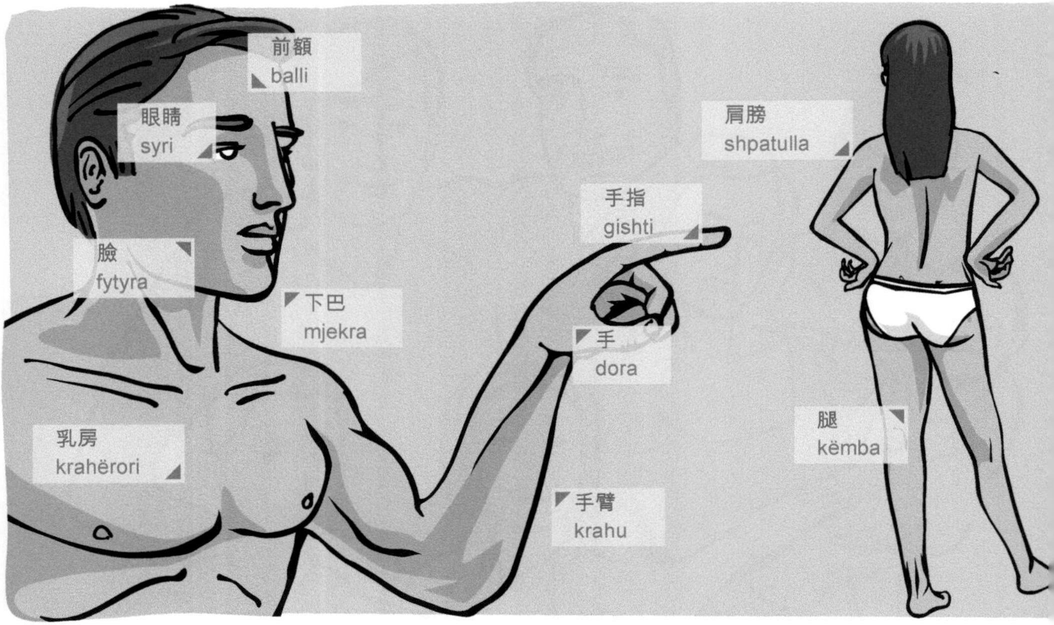

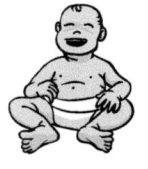

嬰兒

bebe

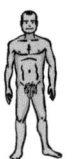

男人

burrë

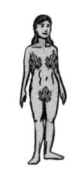

女人

grua

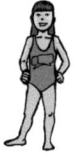

女孩

vajzë

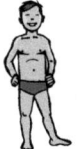

男孩

djalë

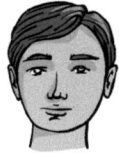

頭

koka

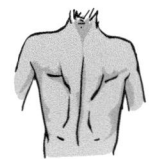

背部

shpina

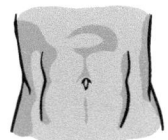

肚子

barku

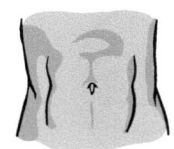

肚臍

kërthiza

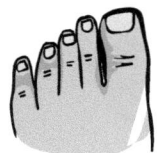

腳趾

gisht këmbe

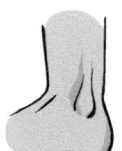

腳後跟

Thembra

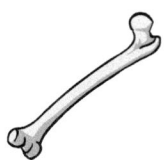

骨頭

kockë

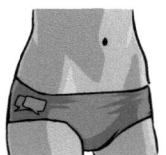

臀部

legeni

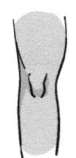

膝蓋

gjuri

手肘

bërryli

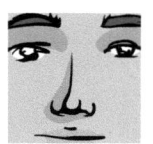

鼻子

hunda

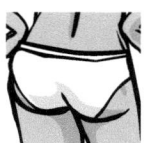

屁股

vithe

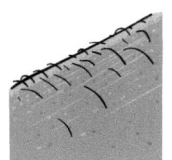

皮膚

lëkura

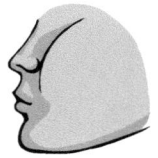

臉頰

faqja

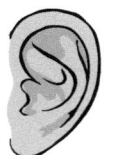

耳朵

veshi

嘴唇

buza

身體 - trupi

69

嘴

goja

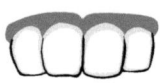

牙齒

dhëmbët

舌頭

gjuha

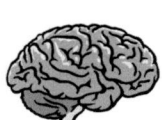

腦

truri

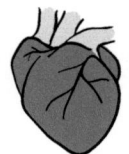

心臟

zemra

肌肉

muskul

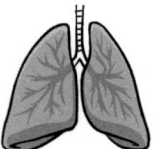

肺

mushkëria

肝臟

mëlçia

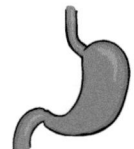

胃

stomaku

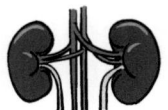

腎臟

veshka

性交

seks

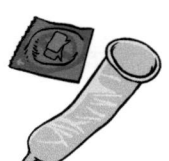

保險套

prezervativ

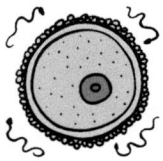

卵子

veza

精子

sperma

懷孕

shtatëzani

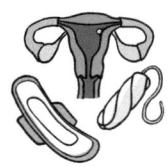

月事

menstruacione

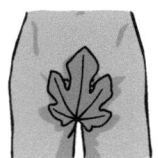

陰道

vagina

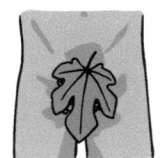

陰莖

penis

眉毛

vetulla

頭髮

flokët

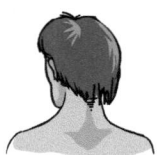

脖子

qafa

醫院

spital

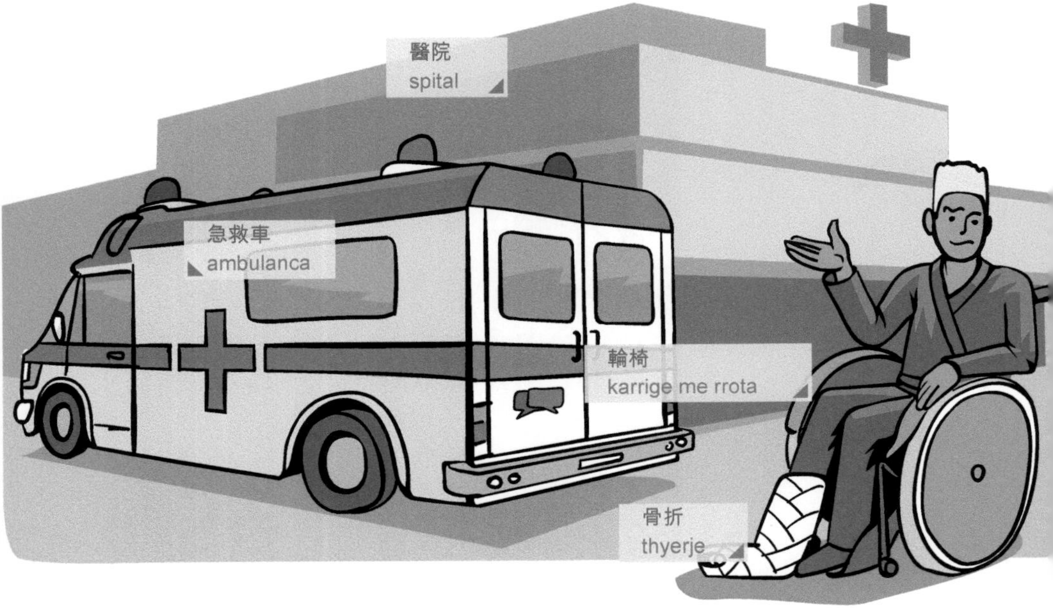

醫院
spital
急救車
ambulanca
輪椅
karrige me rrota
骨折
thyerje

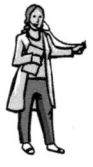

醫師

mjek

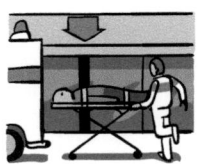

急診室

sallë urgjencash

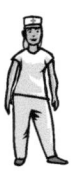

護理師

infermiere

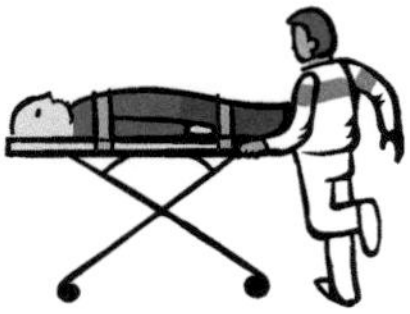

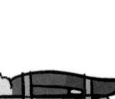

緊急情形

emergjencë

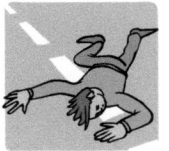

昏迷

i pandërgjegjshëm

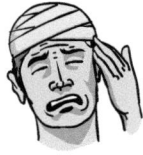

痛

dhimbje

受傷

dëmtim

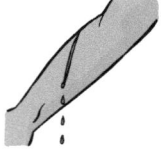

出血

gjakosje

心臟病發作

infarkt

中風

goditje

過敏

alergji

咳嗽

kolla

發燒

ethe

流感

grip

腹瀉

diarre

頭痛

dhimbje koke

癌症

kancer

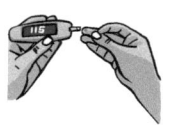

糖尿病

diabet

外科醫師

kirurg

手術刀

bisturi

手術

operacion

電腦斷層掃描

CT (skaner)

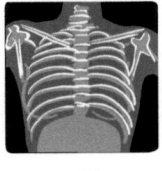

X光

radiografi

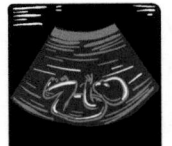

超音波

ultratingull

口罩

maskë fytyre

疾病

sëmundje

候診室

dhomë pritjeje

拐杖

paterica

石膏

leukoplast

繃帶

fasho

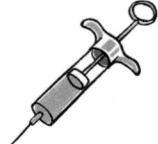

注射

injeksion

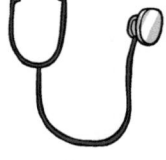

聽診器

stetoskop

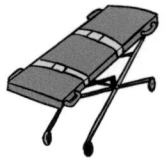

擔架

barelë

體溫計

termometër

出生

lindje

超重

mbipeshë

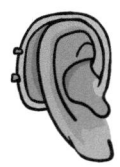

助聽器

aparat dëgjimi

消毒液

dezinfektant

感染

infeksion

病毒

virus

愛滋病

HIV / AIDS

藥物

mjekësi, mjekim

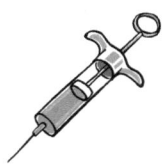

接種疫苗

vaksinim

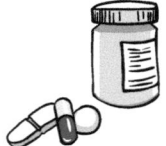

藥片

tableta

藥丸

pilulë

急救電話

telefonatë emergjence

血壓計

aparat tensioni

生病/健康

i sëmurë / i shëndetshëm

救命！
Ndihmë!

警報
alarm

突擊
sulm

攻擊
atak

危險
rrezik

緊急出口
dalje emergjence

失火了！
Zjarr!

滅火器
fikëse zjarri

意外
aksident

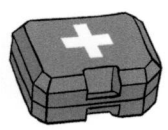

急救箱
kuti e ndimës së shpejtë

呼救訊號
SOS

員警
policia

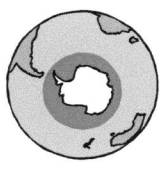

歐洲
Europa

北美洲
Amerika e Veriut

南美洲
Amerika e Jugut

非洲
Afrika

亞洲
Azia

澳洲
Australia

大西洋
Atlantiku

太平洋
Paqësori

印度洋
Oqeani Indian

南冰洋
Oqeani Antarktik

北冰洋
Oqeani Arktik

北極
Poli i veriut

南極
Poli i Jugut

南極洲
Antarktida

地球
toka

陸地
tokë

海
det

島
ishull

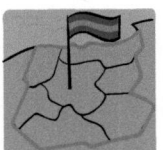

國家
komb

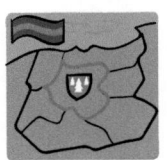

州
shtet

錶盤

fusha e orës

時針

akrepi i orës

分針

akrepi i minutave

秒針

akrepi i sekondave

現在幾點？

Sa është ora?

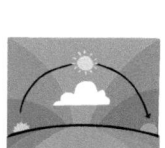

天

ditë

時間

kohë

現在

tani

電子錶

orë dixhitale

分

minutë

時

orë

週

javë

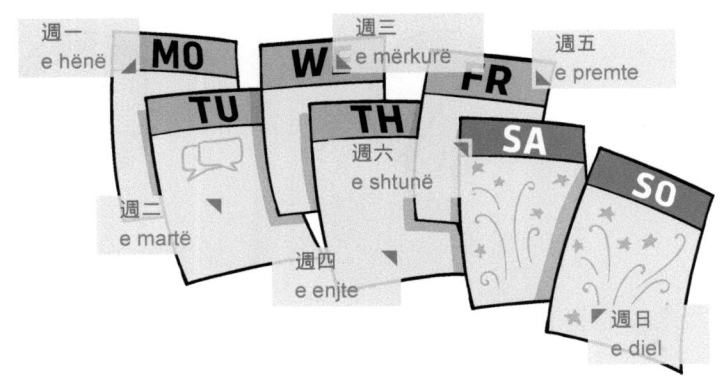

週一 e hënë
週二 e martë
週三 e mërkurë
週四 e enjte
週五 e premte
週六 e shtunë
週日 e diel

昨天

dje

今天

sot

明天

nesër

早晨

mëngjes

中午

mesditë

晚上

mbrëmje

MO	TU	WE	TH	FR	SA	SU
1	2	3	4	5	6	7
8	9	10	11	12	13	14
15	16	17	18	19	20	21
22	23	24	25	26	27	28
29	30	31	1	2	3	4

工作日

ditë pune

MO	TU	WE	TH	FR	SA	SU
1	2	3	4	5	6	7
8	9	10	11	12	13	14
15	16	17	18	19	20	21
22	23	24	25	26	27	28
29	30	31	1	2	3	4

週末

fundjavë

年
vit

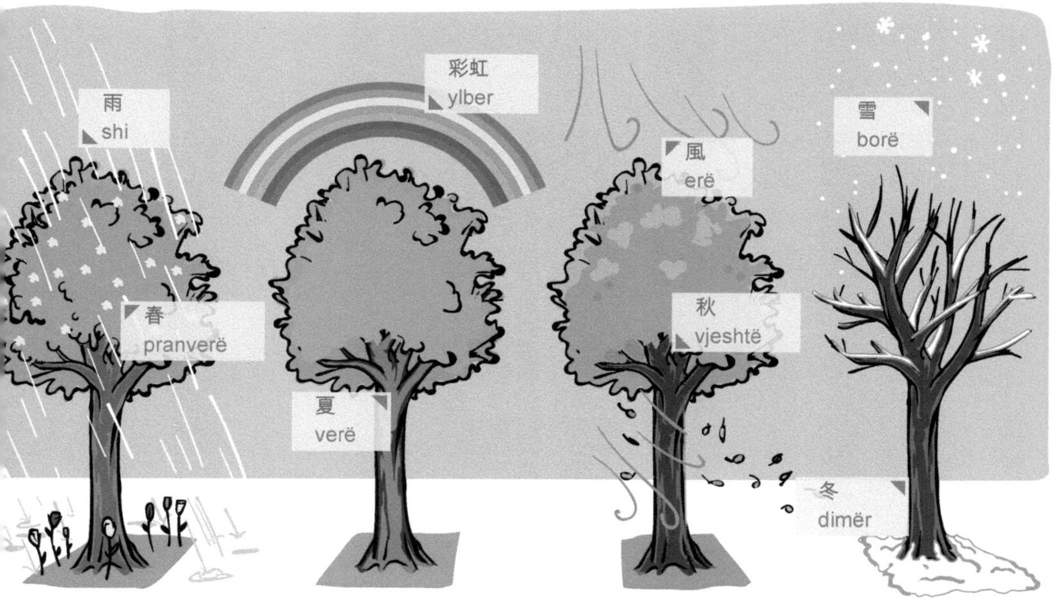

雨
shi
彩虹
ylber
風
erë
雪
borë
春
pranverë
秋
vjeshtë
夏
verë
冬
dimër

4.APRIL 11°
5.APRIL 4°
6.APRIL 13°
7.APRIL 8°
8.APRIL 10°

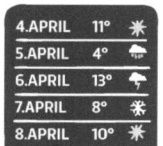

天氣預告

parashikimi i motit

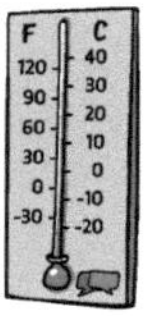

F
C

溫度計

termometër

陽光

ndriçim dielli

雲

re

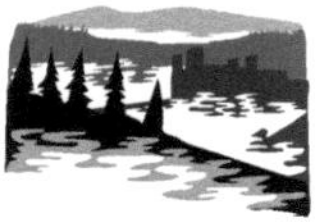

霧

mjegull

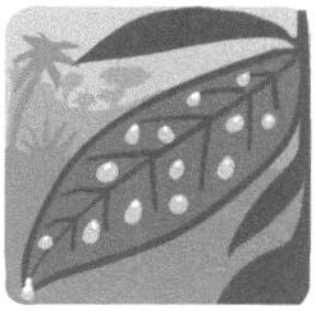

潮濕

lagështi

閃電

vetëtima

打雷

gjëmim

風暴

stuhi

冰雹

breshër

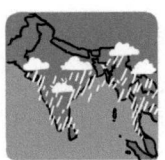

季風

muson

洪水

përmbytje

冰

akull

一月

janar

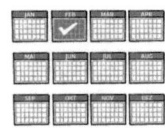

二月

shkurt

三月

mars

四月

prill

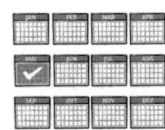

五月

maj

六月

qershor

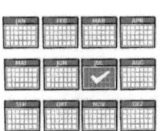

七月

korrik

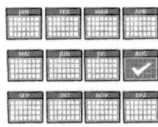

八月

gusht

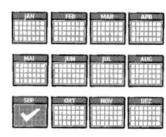

九月

shtator

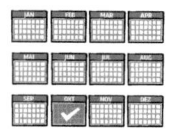

十月

tetor

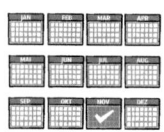

十一月

nëntor

十二月

dhjetor

圓形

rreth

正方形

katror

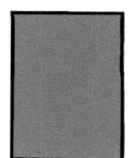

長方形

drejtkëndësh

三角形

trekëndësh

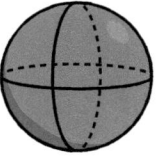

球體

sferë

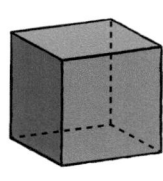

立方體

kub

白
e bardhë

黄
e verdhë

橙
portokalli

粉
rozë

紅
e kuqe

紫
vjollcë

藍
blu

綠
e gjelbër

棕
kafe

灰
gri

黑
e zezë

很多/少許

shumë / pak

生氣/平靜

i nevrikosur / i qetë

美/醜

i bukur / i shëmtuar

首/尾

fillim / fund

大/小

i madh / i vogël

明/暗

i ndritshëm / i errët

兄弟/姐妹

vëlla / motër

乾淨/骯髒

e pastër / e pistë

完整/缺失

e plotë / jo e plotë

白天/晚上

ditë / natë

死/生

gjallë / vdekur

寬/窄

i gjerë / i ngushtë

可食用/非食用
....
i ngrënshëm / i
pangrënshëm

邪惡/善良
....
i keq / i këndshëm

興奮/無聊
....
i lumtur / i mërzitur

胖/瘦
....
i shëndoshë / i dobët

第一/最後
....
e para / e fundit

朋友/敵人
....
mik / armik

滿/空
....
plot / bosh

硬/軟
....
e fortë / e butë

重/輕
....
e rëndë / e lehtë

餓/渴
....
uri / etje

生病/健康
....
i sëmurë / i shëndetshëm

非法/合法
....
e paligjshme / e ligjshme

聰明/愚笨
....
i zgjuar / budalla

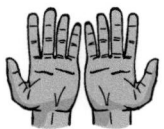

左/右
....
majtas / djathtas

近/遠
....
afër / larg

新/舊

e re / e përdorur

沒有/有些

asgjë / diçka

老/幼

i moshuar / i ri

開/關

ndezur / fikur

打開/闔上

hapur / mbyllur

安靜/吵鬧

i qetë / i zhurmshëm

富/窮

i pasur / i varfër

對/錯

e drejtë / e gabuar

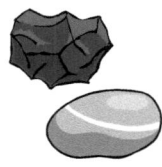

粗糙/光滑

i ashpër / i butë

傷心/高興

i mërzitur / i lumtur

短/長

i shkurtër / i gjatë

慢/快

ngadalë / shpejt

濕/乾

i lagësht / i thatë

溫暖/涼爽

ngrohtë / freskët

戰爭/和平

luftë / paqe

0

零

zero

1

一

një

2

二

dy

3

三

tre

4

四

katër

5

五

pesë

6

六

gjashtë

7

七

shtatë

8

八

tetë

9

九

nentë

10

十

dhjetë

11

十一

njëmbëdhjetë

12
十二
dymbëdhjetë

13
十三
trembëdhjetë

14
十四
katërmbëdhjetë

15
十五
pesëmbëdhjetë

16
十六
gjashtëmbëdhjetë

17
十七
shtatëmbëdhjetë

18
十八
tetëmbëdhjetë

19
十九
nentëmbëdhjetë

20
二十
njëzetë

100
百
qind

1.000
千
mijë

1.000.000
百萬
milion

英語

anglisht

美式英語

anglishte amerikane

普通話

kinezisht mandarin

印地語

hindi

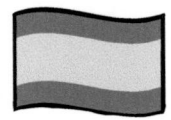

西班牙語

spanjisht

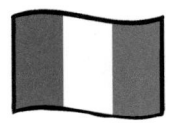

法語

frëngjisht

阿拉伯語

arabisht

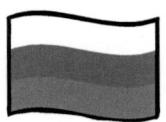

俄語

rusisht

葡萄牙語

portugalisht

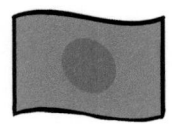

孟加拉語

bengalisht

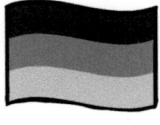

德語

gjermanisht

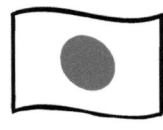

日語

japonisht

我

unë

你

ti

他/她/它

ai / ajo

我們

ne

你們

ju

他們

ata

誰？

kush?

什麼？

çfarë?

如何？

si?

何處？

ku?

何時？

kur?

名字

emër

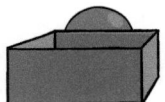

後面

pas

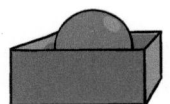

裡面

në

前面

përballë

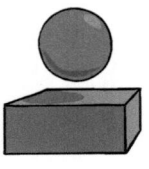

上方

sipër

上面

mbi

下麵

poshtë

旁邊

pranë

中間

midis

地點

vend